Educação Infantil

Dados Internacionais de Catalogação na Publicação (CIP)
(Câmara Brasileira do Livro, SP, Brasil)

Maluf, Angela Cristina Munhoz
  Educação Infantil : práticas inovadoras e desafiantes / Angela Cristina Munhoz Maluf. – Petrópolis, RJ : Vozes, 2022.

  Bibliografia.
  ISBN 978-65-5713-504-4

  1. BNCC – Base Nacional Comum Curricular
  2. Educação Infantil 3. Inclusão escolar 4. Prática pedagógica 5. Professores – Formação I. Título.

  22-109440   CDD-372.21

Índices para catálogo sistemático:
1. Educação Infantil   372.21

Cibele Maria Dias – Bibliotecária – CRB-8/9427

Angela Cristina Munhoz Maluf

Educação Infantil
PRÁTICAS INOVADORAS E DESAFIANTES

Petrópolis

© 2022, Editora Vozes Ltda.
Rua Frei Luís, 100
25689-900 Petrópolis, RJ
www.vozes.com.br
Brasil

Todos os direitos reservados. Nenhuma parte desta obra poderá ser reproduzida ou transmitida por qualquer forma e/ou quaisquer meios (eletrônico ou mecânico, incluindo fotocópia e gravação) ou arquivada em qualquer sistema ou banco de dados sem permissão escrita da editora.

CONSELHO EDITORIAL

Diretor
Gilberto Gonçalves Garcia

Editores
Aline dos Santos Carneiro
Edrian Josué Pasini
Marilac Loraine Oleniki
Welder Lancieri Marchini

Conselheiros
Francisco Morás
Ludovico Garmus
Teobaldo Heidemann
Volney J. Berkenbrock

Secretário executivo
Leonardo A.R.T. dos Santos

Editoração: Maria da Conceição B. de Sousa
Diagramação: Sheilandre Desenv. Gráfico
Revisão gráfica: Anna Carolina Guimarães
Capa: Estúdio 483

ISBN 978-65-5713-504-4

Este livro foi composto e impresso pela Editora Vozes Ltda.

As preocupações com Educação Infantil, primeira etapa da educação básica, abrem novas possibilidades e um novo caminho para repensar as intenções pedagógicas e sociais, no sentido de dar resposta às expectativas infantis, apontando para novas tendências e desafios educacionais.

Angela Cristina Munhoz Maluf

Sumário

Apresentação, 9

1 A Educação Infantil na Base Nacional Comum Curricular, 11

2 As expressões *educar* e *cuidar* na Educação Infantil, 23

3 A construção da proposta político-pedagógica para a Educação Infantil, 31

    3.1 Princípios educativos e a construção do conhecimento para crianças de 0 a 5 anos, 34

    3.2 Sugestões de salas multipedagógicas, 42

    3.3 Sugestões de brinquedos para diferentes grupos etários nas salas multipedagógicas, 49

4 Rotina infantil: organizando o dia a dia, 55

    4.1 Sugestões de rotina na creche, 59

    4.2 Sugestões de rotina na pré-escola, 60

5 A inclusão da criança com necessidades especiais na Educação Infantil: avanços e desafios, 63

6 A relação das instituições infantis com a família, 75

7 Avaliação na Educação Infantil: uma construção possível, 81

8 Perfil e atuação do educador na Educação Infantil, 89

Referências, 100

Apresentação

Sabemos que a primeira infância, da gestação aos 5 anos de idade, é um período extremamente importante para a formação do indivíduo, pois impacta diretamente na escolarização futura e no desenvolvimento do potencial de cada um. É por meio da experiência, da observação e da exploração de seu ambiente que o aprendiz constrói seu conhecimento, modifica situações, reestrutura seus esquemas de pensamento, interpreta e busca soluções para fatos novos, o que favorece o desenvolvimento integral, de valores/virtudes essenciais e fundamentais para a formação de consciências que não se eximem de responsabilidades sociais na vida adulta, principalmente na faixa etária de 0 a 5 anos.

A noção de si mesma, as funções sociais demonstradas, a integração com outras crianças e o atributo prazeroso contido nas atividades lúdicas – por meio de brinquedos, brincadeiras, jogos, entre outras atividades – são altamente motivadores, necessitando incidir continuamente no contexto educacional ou fora dele, no qual o aprender passa a ser uma "ocupação do brincar", e a escola uma imensa fonte de alegria, prazer e aprendizado.

A autora

1
A Educação Infantil na Base Nacional Comum Curricular

Uma inovação na educação brasileira se alinha aos melhores e mais distintos preceitos educacionais do planeta. Prevista na Constituição de 1988, na LDB de 1996 e no Plano Nacional de Educação de 2014, a Base Nacional Comum Curricular foi preparada por conhecedores de cada área do conhecimento, com muita criticidade. A BNCC é um documento moderno e situa com nitidez o conjunto de aprendizagens eficazes e imprescindíveis ao qual todos os aprendizes, crianças, jovens e adultos têm direito. Com este documento, as redes de ensino e as instituições escolares públicas e particulares passaram a ter uma referência nacional obrigatória para a elaboração ou ajustamento de seus currículos e propostas pedagógicas. O sentido da BNCC para a Educação Infantil partiu das Diretrizes Curriculares Nacionais para a Educação Infantil, que enfatizam os direitos das crianças.

As bases pedagógicas da BNCC estão focadas no *desenvolvimento de competências*, que sinaliza a discussão pedagógica e igualitária das derradeiras décadas e pode ser entendido no texto da LDB, notadamente quando se instituem as intenções específicas do Ensino Fundamental e do Ensino Médio (art. 32 e 35). Além disso, desde as décadas finais do século XX e o início do século XXI, o enfoque no desenvolvimento de competências tem dirigido a maioria dos estados e municípios brasileiros e diferentes países na construção de seus currículos.

Ao abraçar esse enfoque, a BNCC recomenda que as decisões pedagógicas devem estar dirigidas para o desenvolvimento de competências.

A Base Nacional Comum Curricular norteia o aperfeiçoamento e a realização do currículo no que se refere aos intuitos de aprendizagem. A partir deste documento (BNCC) os profissionais de aprendizagem da Educação Infantil poderão propor as melhores ações educativas de como instruir e que outros subsídios precisam ser adicionados no processo de aprendizagem e no desenvolvimento de seus aprendizes.

O MEC se comprometeu a ser parceiro permanente dos estados, do Distrito Federal e dos municípios, trabalhando em conjunto para garantir que as transformações cheguem aos espaços de aprendizagem da Educação Infantil.

Devemos acreditar que as instituições de Educação Infantil e os seus profissionais serão os grandes astros dessa mudança.

Na atualidade, a Educação Infantil é oferecida de 0 a 5 anos, considerando as especificidades no atendimento ao aprendiz com ou sem necessidades educativas especiais. Na nova legislação ela se divide em duas etapas:

1ª etapa: creche

- Crianças de 0 a 1 ano e 6 meses;

- Crianças de 1 ano e 7 meses a 3 anos e 11 meses.

2ª etapa: pré-escola

- De 4 anos a 5 anos e 11 meses.

Tendo como cenário as linhas estruturantes dos procedimentos pedagógicos e as competências universais da educação básica sugeridas pela BNCC, seis direitos de aprendizagem e desenvolvimento certificam, na Educação Infantil, as condições para que os aprendizes possam se instruir em situações que oportunizem um desempenho ativo em espaços que os seduzam a vivenciar desafios e a se sentirem provocados a resolvê-los, nos quais possam estabelecer significações sobre si, os outros e o mundo.

De acordo com a BNCC (BRASIL, 2017, p. 23), os seis eixos estruturantes da Educação Infantil são:

1) CONVIVER com outras crianças e adultos em pequenos e grandes grupos, utilizando diferentes linguagens, ampliando o conhecimento de si e do outro, o respeito em relação à cultura e às diferenças entre as pessoas.

2) BRINCAR cotidianamente de diversas formas, em diferentes espaços e tempos, com

diferentes parceiros (crianças e adultos), ampliando e diversificando seu acesso a produções culturais, seus conhecimentos, sua imaginação, sua criatividade, suas experiências emocionais, corporais, sensoriais, expressivas, cognitivas, sociais e relacionais.

3) PARTICIPAR ativamente, com adultos e outras crianças, tanto do planejamento da gestão da escola e das atividades propostas pelo educador quanto da realização das atividades da vida cotidiana, como a escolha das brincadeiras, dos materiais e dos ambientes, desenvolvendo diferentes linguagens e elaborando conhecimentos, decidindo e se posicionando.

4) EXPLORAR movimentos, gestos, sons, formas, texturas, cores, palavras, emoções, transformações, relacionamentos, histórias, objetos, elementos da natureza, na escola e fora dela, ampliando seus saberes sobre a cultura em suas diversas modalidades: artes, escrita, ciência e tecnologia.

5) EXPRESSAR como sujeito dialógico, criativo e sensível suas necessidades, emoções, sentimentos, dúvidas, hipóteses, descober-

tas, opiniões e questionamentos por meio de diferentes linguagens.

6) CONHECER-SE e construir sua identidade pessoal, social e cultural constituindo uma imagem positiva de si e de seus grupos de pertencimento, nas diversas experiências de cuidados, interações, brincadeiras e linguagens vivenciadas na instituição escolar e em seu contexto familiar e comunitário.

A Base Nacional Comum Curricular (BRASIL, 2017) estabelece *cinco campos de experiência*, ponderando os direitos de aprendizagem e desenvolvimento. Esses cinco campos de experiência são:

1) O eu, os outros e o nós;

2) Corpo, gestos e movimentos;

3) Traços, sons, cores e formas;

4) Oralidade e escrita;

5) Espaços, tempos, quantidades, relações e transformações.

Campo de experiências

1) O eu, os outros e o nós – As crianças estão se constituindo na interação com outras crianças e adultos, como alguém com um modo próprio de agir, sentir e pensar. Elas são curiosas em relação ao entorno social. Conforme vivem suas primeiras experiências na coletividade, elaboram perguntas sobre si e os demais, aprendendo a se perceber e a se colocar no ponto de vista do outro, entendendo os sentimentos, os motivos, as ideias e o cotidiano dos demais parceiros. Conhecer outros grupos sociais, outros modos de vida por meio de narrativas e de contatos com outras culturas amplia o modo de perceber o outro e desfaz estereótipos e preconceitos. Ao mesmo tempo em que participam das relações sociais e dos cuidados pessoais as crianças constroem sua autonomia e senso de autocuidado.

2) Corpo, gestos e movimentos – O corpo, no contato com o mundo, é essencial na construção de sentidos pelas crianças, inclusive para as que possuem algum tipo de deficiência, transtornos globais de desenvolvimento, altas habilidades/superdotação. Por meio do tato, do gesto, do deslocamento, do jogo, da marcha e dos saltos as crianças se expressam, percebem, interagem, emocionam-se, reconhecem sensações, brincam, habitam espaços e neles se localizam, construindo conhecimento de si e do mundo.

3) Traços, sons, cores e formas – As crianças constituem sua identidade pessoal e social nas interações com diversos atores sociais, durante as quais ela se apropria e aprende a se expressar por meio de múltiplas linguagens no contato com manifestações culturais locais e de outros países. Daí ser importante que desde bebê as crianças tenham oportunidades de explorar diferentes materiais, recursos tecnológicos e multimídia, realizando suas produções com gestos, sons, traços, danças, mímicas, encenações, canções, desenhos e modelagens de modo singular, inventivo e prazeroso, desenvolvendo sua sensibilidade.

4) Oralidade e escrita – Desde o nascimento, as crianças são atraídas e se apropriam da língua materna em situações comunicativas cotidianas com pessoas de diferentes idades, interagindo em diversificadas situações.

A gestualidade, o movimento exigido nas brincadeiras ou jogos corporais, a aquisição da linguagem verbal (oral e escrita) ou em libras potencializam tanto a comunicação quanto a organização do pensamento das crianças e sua participação na cultura. Na pequena infância, a aquisição e o domínio da linguagem verbal estão vinculados à constituição do pensamento e à fruição literária, sendo instrumentos de apropriação dos demais conhecimentos.

5) Espaços, tempos, quantidades, relações e transformações – As crianças são curiosas e buscam compreender o ambiente em que vivem, suas características, qualidades, os usos e a procedência de diferentes elementos com os quais entram em contato, explicando o "como" e o "porquê" das coisas, dos fenômenos da natureza e dos fatos da sociedade. Para tanto, em suas práticas cotidianas elas aprendem a observar, medir, quantificar, estabelecer comparações, criar explicações e registros, criando uma relação com o meio ambiente, com a sustentabilidade do planeta, com os conhecimentos tradicionais e locais, além do patrimônio científico, ambiental e tecnológico.

Conhecendo as particularidades das diferentes faixas etárias que instituem a etapa da

Educação Infantil, os *objetivos de aprendizagem e desenvolvimento* estão sequencialmente organizados em *três grupos por faixa etária*, que correspondem aproximadamente às probabilidades de aprendizagem e às características do desenvolvimento das crianças:

1) Bebês (0 a 1 ano e 6 meses)

Objetivos de aprendizagem e desenvolvimento – Explorar sons produzidos com o próprio corpo e com objetos do ambiente.

2) Crianças bem pequenas (1 ano e 7 meses a 3 anos e 11 meses)

Objetivos de aprendizagem e desenvolvimento – Criar sons com materiais, objetos e instrumentos musicais para acompanhar diversos ritmos de música.

3) Crianças pequenas (4 anos a 5 anos e 11 meses)

Objetivos de aprendizagem e desenvolvimento – Utilizar sons produzidos por materiais, objetos e instrumentos musicais durante brincadeiras de faz de conta, encenações, criações musicais, festas.

A Educação Infantil, como primeira etapa da educação básica, suscita das respectivas instituições a integração entre o educar e o cuidar, devendo, portanto, ser ministrada com amor e de forma lúdica, adequando as atividades às necessidades de cada faixa etária. Em minha opinião, a Base Nacional Comum Curricular é um documento compreensível, bem mais prático do que as Diretrizes Nacionais, trazendo instruções específicas para o profissional da Educação Infantil.

Contudo, é necessário conhecer e compreender a realidade dos três grupos etários da Educação Infantil, bem como a realidade dos profissionais e as instituições que os formam.

Como sementinhas, as crianças trazem todo o potencial humano guardado em seu interior. Esse delicado depósito precisa, no entanto, que condições sejam criadas para que possa desabrochar por inteiro, pois as potencialidades afetivas, cognitivas e motoras na infância de 0 a 5 anos ocorrem numa sequência cronológica.

Nesse período, a criança precisa receber determinados cuidados e estímulos que passam, prioritariamente, pela relação afetuosa e interativa dos pais e dos educadores. Estes devem aprimorar a sua observação das necessidades infantis para aquele momento de vida, a fim de oferecerem o estímulo apropriado, com foco nas mudanças que cercam o desenvolvimento infantil.

Nessa etapa de aprendizagem e desenvolvimento, de 0 a 5 anos, os aprendizes na Educação Infantil solicitam dos educadores uma pedagogia sustentada nas relações, nas interações e em práticas educativas intencionalmente voltadas para suas experiências cotidianas e seus processos de aprendizagem no espaço coletivo, diferente de uma intencionalidade pedagógica voltada para resultados individualizados nas diferentes áreas do conhecimento.

Para impedir a ousadia de fazer da Educação Infantil uma escola simples, torna-se imprescindível reunir acendimentos e investir na hipótese de outro tipo de espaço educacional. Um espaço que tenha como foco a criança e como opção pedagógica ofertar uma experiência de infância pujante, diversificada, valiosa, arraigada, sistematizada, na qual a qualidade seja debatida e socialmente partilhada; isto é, uma instituição aberta à família e à sociedade.

2
As expressões *educar* e *cuidar* na Educação Infantil

A Educação Infantil, como primeira etapa da educação básica, suscita das respectivas instituições a integração entre o *cuidar* e o *educar*, devendo, portanto, ser ministrada com amor e de forma lúdica, adequando as atividades às necessidades de cada faixa etária.

O desafio da Educação Infantil é afirmar a necessidade de integrar *educação* e *cuidados*, que são suas especificidades, sendo vistas como funções complementares e indissociáveis.

Com o avanço da compreensão do que seja a infância, de como o aprendiz se desenvolve, na última década tem se destacado a necessidade de atribuir à Educação Infantil uma função pedagógica. Assumir essa função significa dirigir um novo olhar sobre o aprendiz e sobre essa fase da vida.

A infância ligada ao conceito de aprendizagem e de escolarização foi um processo extremamente lento, pois antigamente as crianças não eram respeitadas, sendo tratadas como "adulto em miniatura"; o sentimento de infância inexistia e as crianças eram, em muitos casos, vítimas de abandono e de maus-tratos.

Durante muitos anos a Educação Infantil foi conduzida pela perspectiva assistencialista, com o foco unicamente no cuidar. As crianças eram deixadas nas creches, permanecendo ali o dia todo, para que os seus pais pudessem trabalhar.

Na verdade, as instituições de ensino funcionavam como local que apenas cuidava das crianças. Sabe-se que a educação formal para crianças pequenas no Brasil inexistia até o século XIX, sendo que o contexto mais aceito para o desenvolvimento infantil durante os primeiros anos tem sido o ambiente doméstico.

As crianças pobres da zona rural, órfãs ou abandonadas, estiveram, ao longo da história, sob os cuidados das "criadeiras", também chamadas de "fazedoras de anjos". Eram assim chamadas devido à alta mortalidade das crianças em decorrência das precárias condições sanitárias.

Já na zona urbana, os filhos ilegítimos de moças pertencentes a famílias com prestígio social eram recolhidos nas "rodas de expostos".

Kuhlmann (1998) diz que a educação de uma criança pequena envolve o seu cuidado; por isso, destaca o papel de educar e cuidar atribuído às instituições de Educação Infantil.

Kramer (2005) afirma que não é possível educar sem cuidar.

Segundo Montenegro (2001), com o passar do tempo, essa realidade foi ganhando outra modelagem, a caminho de uma concepção de prática pedagógica mais integradora. Hoje podemos afirmar que nas concepções modernas de Educação Infantil o cuidar e o educar passaram a ser compreendidos de forma articulada.

Nessa modalidade de educação, o *educar* significa propiciar situações de cuidados, brincadeiras e aprendizagens orientadas de forma integrada, para que possam contribuir para o desenvolvimento das capacidades infantis de relação interpessoal, de ser e estar com os outros, numa atitude básica de aceitação, respeito e confiança, favorecendo o acesso do aprendiz aos conhecimentos mais amplos da realidade social e cultural. Nesse processo, a Educação Infantil deve auxiliar o desenvolvimento das capacidades de apropriação e conhecimento das potencialidades corporais, afetivas, emocionais, estéticas e éticas, na perspectiva de contribuir para a formação de aprendizes felizes e saudáveis.

Para Freire (1998) faz-se necessário que no processo de construção do saber a criança tenha acesso a situações diversificadas e significativas no que diz respeito ao desenvolvimento de suas habilidades cognitivas, psicomotoras e socioafetivas. É nesta perspectiva que se fundamenta o *ato de educar* nas instituições de Educação Infantil.

Já o *cuidar* da criança na Educação Infantil deve ser parte integrante do contexto educativo, pois requer a integração de vários campos de conhecimento. O cuidado é um ato em relação ao outro e a si próprio, possuindo uma dimensão expressiva e implicando procedimentos específicos.

Para Campos (1994, p. 35), o cuidado inclui todas as atividades ligadas à proteção e ao apoio necessários ao cotidiano de qualquer criança: alimentar, lavar, trocar, proteger, consolar; enfim *cuidar*, sendo que todas essas atividades fazem parte integrante do que chamamos *educar*.

Waldow (2004, p. 21) ressalta que "cuidado é um processo, um modo se relacionar com alguém que envolve desenvolvimento e cresce em confiança mútua, provocando uma profunda e qualitativa transformação no relacionamento. [...] é ajudar o outro a crescer e se realizar".

Na Educação Infantil, o cuidar exige do profissional conhecimentos, capacidades e ferramentas para o processo de aprendizagem e desenvolvimento. A forma de educar e cuidar de uma criança depende dos objetivos e do contexto sociocultural, sendo que as atitudes e os procedimentos de cuidado são influenciados por crenças e valores em torno da saúde, da educação e do desenvolvimento infantil. Embora as necessidades básicas sejam comuns – como alimentar-se, proteger-se, higienizar-se etc. –, as formas de identificá-las, valorizá-las e atendê--las são construídas socialmente.

Costa (2007) defende a necessidade de uma educação que busque um novo olhar, uma nova postura diante de si mesmo e de sua circunstância, tendo como parâmetros uma ética de amor, de zelo e de respeito pela vida em todos os seus aspectos.

Educar e cuidar resultam na ação pedagógica de consciência, que estabelece uma visão integrada do desenvolvimento da criança com base em concepções que respeitem a diversidade, o momento e a realidade peculiares à infância; ou seja, implica reconhecer que o desenvolvimento, a construção dos saberes e a constituição do ser não ocorrem em momentos compartimentados; significa compreender que o espaço/tempo em que a criança vive exige seu esforço particular e a mediação dos adultos como forma de proporcionar ambientes que estimulem a curiosidade, com consciência e responsabilidade.

É de suma importância que as instituições de Educação Infantil incorporem de maneira interligada os papéis de educar e cuidar, associando-os a padrões de qualidade. Isso ocorre a partir de visões de desenvolvimento que consideram as crianças nos seus contextos sociais, ambientais, culturais e, mais concretamente, nas interações e práticas sociais que lhes fornecem elementos relacionados às mais diversas linguagens e ao contato com os mais variados conhecimentos para a construção da autonomia.

Portanto, é imprescindível que para compreender o aprendiz da Educação Infantil é preciso caracterizá-lo concreta e historicamente, assumi-lo como sujeito e cidadão de direitos, que se institui na sociedade da qual faz parte. Para isso é preciso que o educar e o cuidar estejam sempre juntos e se façam sempre no cotidiano de crianças de 0 a 5 anos.

3
A construção da proposta político-pedagógica para a Educação Infantil

A Educação Infantil necessita ter uma proposta político-pedagógica direcionada aos princípios de trabalho nas instituições infantis com vivências mais significativas. Isso norteará as ações a serem desencadeadas por atenderem a sujeitos aprendizes cujos vínculos familiares são de grande dependência, já que se situam quando estão construindo os hábitos, as atitudes, descobrindo a si próprios e ao mundo.

São inúmeras as publicações oficiais do Ministério da Educação (MEC) do Brasil e os marcos regulatórios que buscam orientar as práticas de ações educativas e as tarefas de profissionais de aprendizagem da Educação Infantil. Dentre os marcos regulatórios destaca-se a elaboração do Projeto Político-pedagógico (PPP), incumbência das instituições de ensino prevista no art. 121 da Lei de Diretrizes e Bases da Educação Nacional (LDBEN – Lei n. 9.394/96).

As Diretrizes Curriculares Nacionais para Educação Infantil (BRASIL, 2009), alinhadas com a LDBEN, declaram que o PPP é o plano orientador das ações pedagógicas da instituição. Nesse documento destaca-se a necessidade de definir as metas que se pretendem alcançar na aprendizagem e no desenvolvimento dos sujeitos aprendizes de 0 a 5 anos de idade.

As ações socioeducativas devem estar direcionadas à construção coletiva do PPP, estabelecendo relações entre a instituição, a família e a comunidade, de modo a possibilitar o desenvolvimento pleno da criança.

O PPP é essencial para garantir a reminiscência das ações educativas das instituições de Educação Infantil e das demais instituições educacionais. Adotando suas propostas é que será possível avaliar criticamente as atuações do mundo contemporâneo e do vindouro.

Um dos desafios do PPP é fazer dele não apenas o registro de uma história, que em muitas ocasiões é fantasiosa, mas utilizando a reflexão e a criatividade. A grande perspectiva sobre o PPP é que ele seja um brilhante e eficaz instrumento pedagógico que dirija os afazeres educacionais dos sujeitos aprendizes de 0 a 5 anos de idade e a todos os envolvidos na educação escolar. Também há uma grande expectativa de que ele seja um vivo e dinâmico instrumento pedagógico que oriente o trabalho educativo para proporcionar aos sujeitos aprendizes e a todos os envolvidos na educação escolar a vivência de uma verdadeira educação comprometida com a formação cidadã dos sujeitos aprendizes de diversas faixas etárias.

O PPP determina o currículo da instituição de Educação Infantil e distingue-se como o documento de identidade da instituição. A partir destas considerações é preciso estabelecer metas coerentes para que o PPP seja atraente, podendo acontecer em diferentes espaços e que atenda a sujeitos aprendizes, com suas particularidades, história, cultura e necessidades.

3.1 Princípios educativos e a construção do conhecimento para crianças de 0 a 5 anos

Segundo o *Dicionário Aurélio*, princípio significa o início de algo; começo; elemento predominante; base. Outro conceito é de que princípios equivalem a um conjunto de leis, definições ou preceitos utilizados para nortear a vida em sociedade.

Com base no entendimento de que os princípios correspondem a um conjunto de preceitos orientadores de um coletivo de pessoas que representa um grupo/entidade social, a Educação Infantil, a partir da promulgação da Constituição Federal de 1988, passa a ser reconhecida como a primeira etapa da educação básica. De acordo com a Carta Magna, é dever do Estado garanti-la às crianças de até 5 anos de idade (art. 208) em creches e pré-escolas. Isso conduziu ao estabelecimento de princípios que norteiam a educação para as crianças, a fim de garantir o desenvolvimento integral delas em seus aspectos físico, psicológico, intelectual e social.

Conforme a LDB, os princípios educativos para crianças de 0 a 5 anos podem ser compreendidos como temas de relevância social que emergem do contexto atual como significantes da prática de ações educativas no desenvolvimento das diferentes áreas do saber, a partir das características das crianças de 0 a 5 anos, das formas de ampliar a compreensão de mundo, do contexto social em que a comunidade está inserida.

Destacamos alguns desses princípios:

I – A proposta deve reconhecer e valorizar a IDENTIDADE dos sujeitos aprendizes de 0 a 5 anos, de suas famílias, dos funcionários; enfim, da comunidade em que a instituição está inserida. Os pais, os sujeitos aprendizes e profissionais da Educação Infantil devem estar motivados a expressar suas concepções, suas práticas, suas dificuldades, seus valores. É imprescindível que nenhum sujeito aprendiz de 0 a 5 anos de idade seja excluído devido ao gênero, às condições socioeconômicas, à etnia, à religião, à cultura e às necessidades educativas especiais.

II – A organização do processo de ensino deve proporcionar uma diversidade de atividades, de espaços, de materiais, de metodologias e de interações. É fundamental, ainda, que os sujeitos aprendizes de 0 a 5 anos reconheçam e respeitem as DIVERSIDADES étnicas, sexuais, culturais e físicas. Quanto aos sujeitos aprendizes de 0 a 5 anos com necessidades educativas especiais deve-se garantir seu acesso à Educação Infantil em creches e pré-escolas, respeitando-se o direito ao atendimento especializado (LBDEN, art. 58 e 60).

III – É importante que o sujeito aprendiz de 0 a 5 anos seja concebido como um ser integral e capaz, que amplia gradualmente seus conhecimentos na medida em que se relaciona com as pessoas e com o meio. Assim, a proposta deve contemplar o planejamento de atividades criativas e ricas em INTERAÇÕES entre os próprios sujeitos aprendizes de 0 a 5 anos, entre eles e os adultos (pais, funcionários e profissionais da Educação Infantil), entre seus coleguinhas e entre ambiências na instituição.

IV – A inserção do LÚDICO no cotidiano das instituições infantis é imprescindível, sendo que a eficiência das brincadeiras e dos jogos no processo de desenvolvimento e aprendizado é de suma importância:

> Por meio de brincadeiras e jogos a criança tem possibilidades de desenvolver capacidades físicas, verbais e intelectuais, tornando-se capaz de se comunicar e de encontrar seu caminho no mundo quanto a si mesma (MALUF, 2005).

V – As atividades propostas na Educação Infantil não devem ser desenvolvidas de forma fragmentada, de tal modo que ora sejam apresentadas as atividades motoras, ora as de matemática, ora as de linguagem. A proposta pedagógica deve contemplar atividades criativas e ricas que possibilitem a INTEGRALIDADE dos aspectos afetivos, intelectuais e psicomotores, entre outros.

VI – O ACONCHEGO, O CARINHO E A PROTEÇÃO são imprescindíveis nas relações com a família e a criança no cotidiano das instituições infantis. É importante que a criança se sinta segura e confiante para agir, relacionar-se, construir conhecimentos e tornar-se progressivamente mais autônoma.

VII – Na Educação Infantil, as ações de EDUCAR E DE CUIDAR devem ter como foco o desenvolvimento progressivo da AUTONOMIA moral, intelectual e social da criança, que precisa ser encorajada a pensar e a agir por si mesma, condição necessária para a construção de novos conhecimentos e para o desenvolvimento de suas potencialidades.

VIII – As rotinas de HIGIENE, SAÚDE E ALIMENTAÇÃO devem ser consideradas como ações educativas. Por isso, a importância do diálogo constante com as famílias e os demais órgãos de serviço de saúde para desenvolver ações integradas que visem à prevenção, à promoção e/ou à recuperação da saúde da criança.

IX – Ao ingressar na instituição de Educação Infantil a criança já traz toda uma história de experiências e informações, manifestando curiosidade a respeito de questões que envolvem a SEXUALIDADE, por exemplo, que deverão ser respeitadas e trabalhadas de forma responsável.

Os princípios educativos sempre necessitam estar ajustados à realidade e ter por definição uma ideia de futuro perfilhado por toda a comunidade educativa, constituindo a expressão da identidade, pois as instituições de Educação Infantil têm necessariamente de se adequar a uma proposta político-pedagógica original, própria às condições do tempo e do espaço em que se situa, e não a mera repetição de modos de fazer ou pensar.

3.1.1 A construção do conhecimento

Desde cedo a criança busca compreender o mundo que a cerca, manifesta curiosidade pelos mais variados objetos e situações, elabora hipóteses e constrói conhecimentos a partir das interações que ela estabelece com o meio físico e social; assim, quanto mais ricas forem as experiências vivenciadas pela criança, maior será a possibilidade de interações significativas.

Vygotsky (1991) afirma que o aspecto mais importante da construção do conhecimento está na interação realizada em uma diversidade de relações, sendo que o conhecimento não é uma ação do sujeito sobre a realidade ou objeto. Para o autor, somente a partir da interação com o meio social (sujeitos, regras sociais, sociedade) é que o sujeito desenvolverá seus processos psicológicos superiores. Em dado momento o sujeito necessita da intervenção de outros sujeitos mais capazes para que o aprendizado se realize.

Esse limite entre conseguir aprender sozinho e necessitar do auxílio de outros é definido como sendo a zona de desenvolvimento proximal.

A criança aprende quando é capaz de atribuir significado, de relacionar o que aprendeu ao que já conhece. Considerando que um conhecimento novo sempre é construído a partir de conhecimentos aprendidos anteriormente, o educador precisa estar atento aos conhecimentos e às experiências prévias das crianças, que se configuram em condições básicas para as aprendizagens futuras.

Quando a criança aprende, o que muda não é apenas a quantidade de informações, mas também a sua capacidade e as possibilidades pessoais de continuar aprendendo.

Se a criança aprende na interação, as atividades propostas devem permitir uma atuação ativa de todos.

Coll (1994) ressalta que é "ativa uma reação que responde a uma necessidade provocada por um desejo, que tem seu ponto de partida no indivíduo que age, e que é provocada por um movimento interno do ser que atua". Sendo assim, a criança deve estar envolvida em um ambiente estimulador que suscite a necessidade e/ou o desejo de aprender, para que ela possa agir e estabelecer relações com os sujeitos e com o meio.

A criança deve ter uma disposição para aprender, e muitos aspectos podem influenciar no processo de aprendizagem, como a autoimagem, a autoestima, suas expectativas, as relações que estabelece com seus pares e com o educador. Assim, as interações entre o educador e a criança e das crianças entre si merecem atenção na medida em que podem possibilitar (ou limitar) novas aprendizagens.

No processo de construção do conhecimento, no desenvolvimento social, moral e intelectual, é importante considerar as relações entre as crianças.

Devries e Zan (1988) explicam que ela é mais capaz de pensar e de agir de forma autônoma quando se relaciona com outras crianças, em comparação com os adultos.

Cuidados básicos sempre deverão estar associados e articulados à intencionalidade educativa expressa em documentos e principalmente às fundamentais e diárias ações e práticas visíveis. Nada é mais enriquecedor do que propor atividades criativas e desafiadoras, pois remetem a criança a um tipo de conhecimento da realidade, permitindo sua apropriação e representação, contribuindo para a construção do seu conhecimento sobre o mundo.

As crianças participam da construção de seu conhecimento como indivíduos ativos, fazendo uso de esquemas mentais próprios a cada etapa de seu desenvolvimento.

3.2 Sugestões de salas multipedagógicas

Os princípios metodológicos para a Educação Infantil devem ser contemplados nas práticas cotidianas relacionadas aos cuidados, à educação e às formas de interação família-comunidade.

O caráter eminentemente pedagógico da Educação Infantil no contexto escolar deve estar fundamentado na realidade em que a criança está inserida, em seu contexto social. Portanto, deve ser considerada sua história de vida, classe social, cultura e etnia.

Cabe a cada município ter ou não sistema próprio, coordenar essas experiências, incentivar trocas na busca de um parâmetro de qualidade do qual toda a municipalidade se orgulhe.

Sabe-se que é do nascimento até os 5 anos de idade que ocorre o pleno desenvolvimento do cérebro da criança e a determinação de sua capacidade de aprender conteúdos, retê-los e transformá-los em conhecimento no futuro. É uma etapa primordial na qual os estímulos aplicados de forma adequada, acompanhada e planejada garantem as condições ideais para a capacitação das inteligências racional e emocional que acompanharão o aprendiz durante toda a vida.

As propostas da Educação Infantil ao integrar as funções de educar e cuidar levam em consideração as atividades lúdicas e associam padrões de qualidade que consideram as crianças em seus contextos sociais, culturais e emocionais.

A prática educativa deve dispor de cuidados pelos quais as crianças vão aprendendo a construir os conhecimentos por meio das situações de interação. Nesse sentido, a instituição infantil precisa funcionar como um ambiente socializador que propicie o desenvolvimento individual da criança nas interações entre seus pares e com adultos.

De acordo com o Referencial Curricular Nacional (1998), cabe à instituição de Educação Infantil oferecer às crianças condições para aprendizagens que decorrem de brincadeiras e de situações pedagógicas intencionais e orientadas por adultos.

A ação educativa deve proporcionar à criança o desenvolvimento das capacidades de se relacionar, de reconhecer seu corpo, de interagir com os estímulos e de estruturar novas aprendizagens.

Na metodologia da Educação Infantil deverão ser utilizadas atividades lúdicas como forma efetiva de trabalho, e ao educador cabe a função de propor desafios à criança e estabelecer estratégias para que ela possa construir seus conhecimentos. A partir das atividades lúdicas as crianças podem desenvolver capacidades como a atenção, a imitação, a memória, a imaginação, além dos aspectos de socialização a partir da interação com outras crianças. Brincando, as crianças também vivenciam a utilização de regras e papéis sociais.

O jogo do faz de conta é uma atividade fundamental para o desenvolvimento psicológico da criança, pois ela começa a estabelecer a diferença entre o real e o imaginário, cria situações nas quais desempenha o papel daquilo que deseja ser ou fazer, transformando livremente qualquer objeto (cf. ROCHA, 1997).

Por volta de 1 ano de idade a criança começa a reproduzir e a encenar as vivências com os adultos e outras crianças. Essa maneira de se expressar faz com que ela compreenda as ações, tanto afetiva como cognitivamente, internalizando-as como se fossem suas. A capacidade de imitar torna-se mais complexa com o desenvolvimento da linguagem; assim, a criança é capaz de conduzir uma brincadeira, expressando-a para outras crianças. É justamente essa capacidade simbólica, construída nos diálogos, que a criança estabelece desde o início da vida.

Nesse sentido, sugiro que a prática na Educação Infantil seja organizada em salas de aulas habituais, que chamo de SALAS MULTIPEDAGÓ-

GICAS, e poderão ser organizadas da seguinte forma:

Creche

- De 0 até 1 ano e 6 meses – Sala denominada *natureza sensório-motora*.
- De 1 ano e 7 meses a 3 anos e 11 meses – Sala denominada *descoberta e estímulo*.

Pré-escola

- De 4 anos a 5 anos e 11 meses – Sala denominada *faz de conta e interação*.

Nas salas multipedagógicas as atividades socioeducativas serão mensalmente projetadas, preparadas e desenvolvidas de acordo com grupos etários.

Sou idealizadora da proposta na qual as SALAS MULTIPEDAGÓGICAS para diferentes grupos etários serão projetadas para proporcionar às crianças momentos de diversão e aprendizagem. Os mais diversos e modernos brinquedos estarão disponíveis para as crianças, pois significam um pedaço do mundo que elas, crianças, já conhecem; o resto do mundo elas irão explorar e conhecer. Todas as SALAS MUTIPEDAGÓGICAS contarão com materiais pedagógicos para serem utilizados nas práticas educativas cotidianas.

Apesar de haver grupamentos organizados em grupos etários, devem ser propostas atividades que integrem crianças que estão em momentos diferenciados de desenvolvimento da fala, da capacidade de simbolização, do uso de regras, de compreensão etc., pois, como nos ensinam as teorias socioconstrutivistas, a criança não aprende apenas com os adultos, mas potencializa suas possibilidades de aprendizagem e desenvolvimento nos intercâmbios com outras crianças.

O agir pedagógico deve ser criativo, flexível, atendendo à individualidade, ao coletivo e às reais necessidades das crianças.

Além das SALAS MULTIPEDAGÓGICAS é necessário que as instituições infantis tenham um *playground* (com brinquedos diversos) e uma área livre gramada, para que todas as crianças dos diferentes grupos etários possam explorá-la e, desta forma, ficarem livres para se concentrarem em seu próprio corpo e no controle de seus movimentos – correndo, jogando, pulando, entre outras atividades que poderão ser livres ou direcionadas pelos educadores com diferentes materiais –, seguindo um cronograma de horários estipulados para cada turma.

Nessa proposta, as atividades lúdicas farão parte do dia a dia das crianças, serão o eixo organizador da aquisição e da construção do conhecimento.

Toda educação busca levar o indivíduo ao progresso, ao pleno desenvolvimento de suas capacidades inatas e adquiridas, de forma constante e mediante o diálogo. Por isso, a Educação Infantil é um dos contextos de desenvolvimento da criança. Além de prestar cuidados físicos, ela cria condições para o seu desenvolvimento cognitivo, simbólico, social e emocional.

O importante é que na Educação Infantil seja dado o cuidado e a educação de crianças que vivem, convivem, exploram, conhecem, construindo uma visão de mundo e de si mesmas, constituindo-se como sujeito.

O desenvolvimento infantil não acontece apenas oferecendo brinquedos; a interferência do adulto é fundamental. Inserir diversas atividades lúdicas no cotidiano da instituição infantil, monitorar o fazer-brincar da criança, propor desafios e novas dificuldades é essencial para que os brinquedos sejam bem utilizados e as atividades propostas diariamente constituam momentos de divertimento e aprendizado. "Somente desta forma a criança irá construir conhecimentos e assegurar seu desenvolvimento integral, facilitando seu ingresso e permanência no Ensino Fundamental."

3.3 Sugestões de brinquedos para diferentes grupos etários nas salas multipedagógicas

Os brinquedos para os grupos etários da creche e da pré-escola são ferramentas fundamentais para oportunizar conhecimentos e aproximar as crianças de pessoas e objetos. Depois de um pouco crescidas, as crianças partem para um universo lúdico, criando suas vivências imaginárias De acordo com estudiosos, os brinquedos são recursos construtivos e estimulam as crianças em todos os campos e sentidos: visual, tátil, auditivo, motor, psíquico, social e afetivo.

Sala da natureza sensório-motora: brinquedos para crianças de 0 a 1 ano e 6 meses – Aposte em brinquedos que estimulem o desenvolvimento dos sentidos. Brinquedos com texturas e formatos para manipulação, que emitem sons, pois, neste grupo etário, os bebês também imitam vários sons e começam a reconhecer objetos. Adoram ouvir histórias, conseguem se concentrar por um período de tempo.

Brinquedos adequados:

- Animais, objetos em borracha; material macio com ou sem guizo interno;
- Mordedores;
- Brinquedos de puxar e empurrar, rolar; com corda para puxar, com haste para empurrar;
- Livros de pano e para o banho;
- Bichos de pelúcia;
- Livros diversos (literatura infantil);
- Jogos de encaixar;
- Chocalhos;
- Carrinhos em borracha ou de material macio;
- Bonecas e bonecos de borracha, de pano ou vinil;
- Cubos de borracha e de pano;
- Bolas coloridas;

- Blocos de montar;
- Móbiles sonoros ou não;
- Carrinhos para andar, sem pedais; tico--ticos, carrinhos sem pedais que se movimentam pelo impulso dos pés da criança no chão;
- Atividades com giz de cera, massas de modelar, pinturas a dedo.

Sala da descoberta e estímulo: brinquedos para crianças de 1 ano e 7 meses a 3 anos – Neste grupo etário os brinquedos devem estimular o movimento do corpo. As cores e as formas passam a ser reconhecidas. As crianças dessa idade gostam de brinquedos de encaixar, empurrar e puxar. Possuem curiosidade; o domínio das habilidades é muito maior; são evidentes os instintos de descobrir e aprender.

Brinquedos adequados:
- Bonecas e bonecos de pano ou vinil;
- Joões-bobos sonoros ou não; bonecos e animais com movimento de vai e vem, em plástico rígido ou inflável;
- Peças para encaixar;
- Blocos de construção;

- Brinquedos de desmontar (grandes);
- Cavalinho de pau;
- Túnel para atravessar;
- Livros com ilustrações coloridas;
- Fantoches e deboches;
- Carros, aviões, trens e ônibus;
- Recipientes de formas e tamanhos variados: baldes, regadores, forminhas;
- Atividades com giz de cera, massas de modelar, pinturas a dedo, de colar e pintar;
- Instrumentos musicais;
- Faz de conta (*kits* de médico, cozinha, ferramentas, entre outros);
- Carrinhos para empurrar, triciclo;
- Bolas;
- Jogos: dominó, de memória, entre outros.

Sala do faz de conta e interação: brinquedos, de 4 anos a 5 anos e 11 meses – Neste grupo etário a coordenação global e fina se evidenciam. A criança gosta de brincadeiras coletivas, como também de brincar sozinha, de forma independente, treinando sua destreza e motricidade.

Brinquedos adequados:

- Instrumentos musicais (tambor, pianinho etc.);
- Animais em geral;
- Máscaras, chapéus e fantasias;
- Fantoches;
- Bonecas e bonecos (personagens de pano ou vinil);
- Livros de pano e de história;
- Conjunto de mágica;
- Bichos de pelúcia;
- Quebra-cabeça simples;
- Panelas e vários utensílios de cozinha;
- Carros, caminhões, trenzinhos e aviões;
- Diferentes jogos: de memória, dominó, matemática, entre outros;
- Triciclos, bicicletas;
- Além de uma variedade de materiais para artes plásticas, ginástica, brincar na água e areia; entre outros.

Os brinquedos devem estar disponibilizados em cada SALA MULTIPEDAGÓGICA sugerida ao grupo etário e sempre ao alcance das crianças, para que elas possam usá-los. Sendo de diferentes tipos, os brinquedos devem servir como suporte para as ações educativas, facilitando a organização delas e permitindo progressivamente às crianças se enriquecerem e se tornarem autônomas e cooperativas.

4
Rotina infantil: organizando o dia a dia

Um dos aspectos fundamentais para a qualidade do trabalho pedagógico na Educação Infantil é a rotina. Ela representa o tempo de trabalho educativo realizado com as crianças, podendo ser facilitadora ou cerceadora do desenvolvimento e da aprendizagem.

A rotina também representa a estrutura sobre a qual será organizado o tempo didático; ou seja, o tempo de trabalho educativo com as crianças. A rotina deve envolver os cuidados, as brincadeiras e as situações de aprendizagens orientadas (BRASIL, V. 1, 1998, p. 54).

Sabemos da necessidade da rotina na organização da instituição infantil; entretanto, não pode se transformar em "rotineira", sem significado para as crianças de 0 a 5 anos.

A rotina deve ser organizada de maneira que seja possível dar atenção aos cuidados pessoais e à aprendizagem, cabendo aos educadores e colaboradores institucionais elaborem projetos e atividades para que o tempo seja usado a favor das crianças. Algumas características devem ser destacadas quando se pensa a palavra rotina, como a ideia de repetição, o tempo desperdiçado, a sequência de ações e a produção cultural de organização.

É fundamental considerar as necessidades de quem vivencia essa rotina em sala de aula, pois serão eles que definirão como será exposto esse seguimento. No entanto, organizar a rotina com as crianças proporciona noção e compreensão de tempo, além de desenvolver o papel ativo na construção desse contexto.

Os ambientes devem possibilitar expressões e linguagens das crianças, convívio e diversidade, valores, construção da identidade, cooperação e autonomia.

Fundamentado na criança e para a criança, o planejamento de atividades deve ser indispensável ao educador na Educação Infantil.

> A rotina estrutura o tempo (história), o espaço (geografia) e as atividades, onde os conteúdos são estudados. A criança, para construir o conceito de tempo, percorre um longo processo. Inicialmente concebe o tempo não como uma continuidade de acontecimentos, atividades, constituindo um todo, mas somente vê partes, não consegue articular parte/todo sincronizadamente, mediada pela rotina localiza-se no tempo, no espaço e nas atividades. É neste sentido que a rotina é o alicerce básico para que o grupo construa seus vínculos, estruture seus compromissos, cumpra suas tarefas, assuma suas responsabilidades para que a construção do conhecimento possa acontecer (FREIRE, 1998, p. 43-44).

O educador deve ter a ciência de como organizar um ambiente alfabetizador dentro da sala de aula, instituindo o tempo, o espaço e sobretudo criando uma rotina especial para as crianças, possibilitando aprendizagens significativas; ou seja, organizar ações educativas com referenciais, do início ao fim, pela rotina.

A rotina necessita de uma consciência crítica do educador em compreender que ela é responsável pela organização e cumprimento das metas do dia a dia escolar, visando o desenvolvimento integral da criança.

Barbosa (2006) acrescenta, ainda, que em determinadas escolas há uma sequência fixa de atividades que ocorrem ao longo do expediente escolar, geralmente denomeadas "hora de..." Estas atividades são cronometradas e subdivididas em atividades pedagógicas e atividades de socialização, empobrecendo, assim, a compreensão de rotina na Educação Infantil, por tratar as atividades de higiene da criança, por exemplo, como destituídas de valor pedagógico e de relações socioculturais.

Pais (1986, p. 10 e 15) afirma que não se pode reduzir o cotidiano ao rotineiro, ao repetitivo, pois o cotidiano é o cruzamento de múltiplas dialéticas entre o rotineiro e o acontecimento. A rotina, perturbada pelo inesperado ou pelo sonho, é, assim, um tempo e espaço tanto de tradição como de inovação.

Rotinas rígidas e inflexíveis desconsideram a criança, que precisa se adaptar à rotina; também desconsideram o adulto, tornando seu trabalho monótono, repetitivo e pouco participativo.

O número de horas em que a criança permanece na instituição, os cuidados destinados a ela, os ritmos e as diferenças, bem como as especificidades do trabalho pedagógico demandam um planejamento constante de rotina.

4.1 Sugestões de rotina na creche

- Estimulação tátil (acariciando a criança, sempre que possível, e mantendo com ela conversas diárias);
- Estimulação visual através de objetos coloridos que permitam o manuseio com as mãos e a boca;
- Estimulação de movimentos como se arrastar, engatinhar para buscar um objeto; incentivar também o andar, segurando a criança com as mãos;

- Estimulação verbal, conversando com a criança durante todo o tempo, brincando e sorrindo;
- Introdução de alimentos com paciência, pois a adaptação nem sempre é fácil;
- Troca de roupas e fraldas sempre que for necessário;
- Banhos agradáveis, acompanhados de conversas e músicas;
- Expressões gestuais e cantigas de roda (sentados);
- Exercícios com bolas, brinquedos de encaixe, entre outros;
- Repouso.

4.2 Sugestões de rotina na pré-escola

- Hora da entrada, hora da novidade ou roda de conversa;
- Hora da história, roda da história ou era uma vez;
- Brincadeiras, jogos e brinquedos no espaço interno e externo;
- Ateliês ou oficinas de desenho, pintura, modelagem e música;

- Atividades diversificadas (individual, grupo, informática, vídeo etc.) ou ambientes organizados por temas;
- cuidados com o corpo;
- alimentação;
- descanso.

Esta sequência deriva de conteúdos retirados de um dos eixos do PPP a serem trabalhados. Entretanto, outros momentos se introduzem, levando em conta o ritmo das crianças, que é ativo.

Assim, constantemente surgem novas experiências e alterações, mas o educador sustentará a sua função de ensinar, cuidar e proteger todas as crianças.

Uma rotina compreensível também é fator de segurança. Serve para orientar as ações das crianças e dos educadores, oportunizando a prevenção de ocorrências.

As atividades de rotina devem ser efetivadas diariamente, favorecendo o desenvolvimento das crianças e a sustentação de costumes imprescindíveis à vigilância da saúde corporal e intelectual, como higiene, descanso, nutrição correta, período na instituição de ensino, ambientes apropriados, ações, atividades do dia, entre outros fatores.

É fundamental que cada educador confeccione o seu quadro de rotina, mostrando inicialmente às crianças as atividades que farão parte daquele dia. Isso ajuda a controlar a ansiedade delas. O ideal é que o quadro fique em lugar bem visível e que tenha ROTINA ILUSTRADA, assim como PLAQUINHAS COM REGRAS E COMBINADOS.

Não podemos esquecer que as atividades organizadas contribuem, direta ou indiretamente, para a construção da autonomia: competências que perpassam todas as vivências das crianças. Elas são curiosas para conhecerem o que ocorrerá no dia; por isso, a importância da rotina. Toda sala de aula deve possuir um quadro de rotinas, facilitando determinar a ordem das tarefas junto às crianças, principalmente na Educação Infantil.

5
A inclusão da criança com necessidades especiais na Educação Infantil: avanços e desafios

Diante da crescente expansão da Educação Infantil no Brasil, a inclusão da criança de 0 a 5 anos de idade em creches e pré-escolas já é um direito da legislação educacional, a qual, além de reiterar o direito constitucional, garante também um caráter educativo adequado às especificidades dessas crianças. Esse reconhecimento da necessidade de se criar um espaço de aprendizado e conhecimento às crianças pequenas traz a importância de repensar as práticas pedagógicas.

A política de inclusão educacional traz benefícios para todos, também lança novos desafios para instituições, educadores e sociedade. O número de crianças com algum tipo de deficiência na rede regular de ensino do país cresce a cada ano. O crescimento não é casual, mas resultado da mobilização da sociedade brasileira.

A Constituição Brasileira de 1988 garante o acesso ao Ensino Fundamental regular a todas as crianças, sem exceção, e deixa claro que a criança com necessidades educativas especiais deve receber atendimento especializado complementar, de preferência dentro da escola.

A inclusão ganhou reforços com a Lei de Diretrizes e Bases da Educação Nacional, de 1996, e com a Convenção da Guatemala, de 2001, que proíbem qualquer tipo de diferenciação, de exclusão ou de restrição baseado na deficiência das pessoas. Todas as crianças têm direitos, inclusive as com necessidades educativas especiais, os quais estão garantidos pela Política Nacional de Educação Especial, que é um conjunto de dispositivos que tratam especificamente do atendimento educacional das crianças cujo direito à igualdade de oportunidades tem de ser respeitado.

O MEC, no seu papel de indutor de políticas, tem trabalhado na perspectiva de que estados e municípios brasileiros incluam em suas escolas e instituições de Educação Infantil todas as crianças com deficiência.

Nesse sentido, tem firmado parcerias e convênios para garantir o atendimento desses alunos. "O ministério contribui com ações de sensibilização da sociedade e da comunidade escolar, disponibiliza material de apoio e tecnologia educacional que contribua com a prática pedagógica e de gestão escolar e, também, com a produção e disseminação de conhecimento sobre a educação inclusiva."

A Lei n. 13.146, de 6 de julho de 2015, garante o acesso e a permanência de aprendizes com alguma deficiência ou limitação nas escolas comuns regulares. Isso significa um patamar imprescindível de cidadania para pessoas com deficiência, na opinião de especialistas.

Hoje, com a política de inclusão, a Educação Infantil é a porta de ingresso ao sistema educacional para boa parte das crianças, devendo o atendimento educacional especializado ser ofertado na própria creche ou pré-escola em que a criança está matriculada.

Muitas vezes os pais, por desconhecimento, resistem à inclusão, preferindo deixar seus filhos em casa ou em escolas especiais. À medida que as práticas educacionais inclusivas ganham mais visibilidade, as famílias entendem os benefícios dos espaços heterogêneos de aprendizagem para seus filhos.

A inclusão da criança com deficiência nos ambientes comuns de aprendizagem deve oferecer todas as condições de acessibilidade. A inclusão é extremamente favorável à eliminação de posturas excludentes, pois, a partir da convivência na heterogeneidade as crianças aprendem, desde cedo, a não discriminar. Estudos comprovam o desenvolvimento de práticas colaborativas e valores como a solidariedade e o respeito à diferença. A integração educativa é uma resposta possível a essa questão. Ela se refere ao processo de educar e cuidar, no mesmo grupo, de crianças com e sem necessidades educativas especiais.

O que chamamos de "inclusão" é um processo que começa quando as instituições infantis se preparam para receber a criança com algum tipo de deficiência. Essa preparação se dá tanto em relação ao aspecto físico do ambiente em que a criança será inserida quanto à equipe de educadores e às crianças que frequentam as instituições.

O ambiente físico da instituição deve ser planejado para proporcionar segurança e espaço para todas as crianças, devendo também ser apropriado para aquelas que apresentam algum tipo de deficiência, pois o ambiente em que a criança com deficiência será recebida é um fator muito importante.

No caso do deficiente visual, ele precisará conhecer a instituição com o auxílio de um educador especializado. Quando tiver aprendido a se situar, saberá como se locomover sem necessitar de auxílio. Para as crianças que usam cadeira de rodas é necessário que os locais sejam adequados, como determina a lei.

Winnicott (1993, p. 45) diz: "é o ambiente circundante que torna possível o crescimento de cada criança; sem uma confiabilidade ambiental mínima, o crescimento pessoal da criança não pode se desenrolar, ou desenrolar-se com distorções".

O processo de inclusão, por suas características, aconselha que a instituição de Educação Infantil esteja localizada próximo à residência da criança, facilitando seu acesso e oferecendo maiores oportunidades de contato com as crianças da vizinhança e de sua comunidade.

A instituição escolhida deve contar com uma equipe de educadores receptivos à ideia de inclusão, o que significa que a equipe deve estar aberta ao diálogo com a família e com outros profissionais especializados que acompanham a criança.

A criança com alguma deficiência, seja ela da área motora (dificuldade ou impossibilidade de andar, ou de segurar um objeto, p. ex.), da área da percepção (dificuldade de ouvir ou de ver) ou intelectiva (defasagem, por alguma razão, em relação aos seus companheiros da mesma idade), obviamente tem problemas incomuns às demais. Como ela não possui todos os instrumentos necessários para o processo de aprendizagem que gera um desenvolvimento normal, sua interação com as pessoas com as quais convive fica prejudicada. É preciso dar-se conta dessa realidade e agir para ajudar a criança, estimulando-a a superar os obstáculos que ela enfrenta a toda hora. Uma grande sensibilidade é necessária para saber como ajudá-la na medida justa, e não mais do que isto, para que a ela experimente a sensação insubstituível de vitória pessoal por ter resolvido por seu próprio esforço uma situação que representava um difícil problema. A ajuda excessiva, querendo proteger a criança com deficiência nas dificuldades que ela deve enfrentar, somente fará com que sua independência seja adiada.

A atitude da direção de uma instituição é fator essencial para a inclusão de crianças com necessidades especiais ao ambiente de instituições infantis.

Um gestor que seja sensível ao problema e que tenha um bom relacionamento com toda sua equipe de educadores, que tenha um bom diálogo com a família da criança e com outros profissionais especializados favorecerá o trabalho de integração.

Um relacionamento próximo com o profissional especializado dará elementos à equipe técnica de orientação pedagógica para identificar possíveis problemas que estejam ocorrendo com a criança deficiente. Essa colaboração entre especialistas melhora sensivelmente a tarefa de encontrar soluções e recursos necessários para alcançar os objetivos comuns. Questões como o excesso de crianças numa sala, o acúmulo de tarefas do educador, um projeto dirigido à maioria das crianças, as diversas ações dos serviços de orientação, supervisão e administração muitas vezes tornam o educador descrente quanto às possibilidades de ajustamento do educando com deficiência.

A criança é, de modo geral, mais receptiva às diferenças, como também mais franca e solidária. Sabendo-se disto, é importante que se faça uma preparação da criança, informando-a sobre os tipos de deficiências existentes.

Os grandes desafios que a inclusão impõe às instituições de Educação Infantil são:

- Observar constantemente a criança;
- Acompanhá-la cuidadosamente;
- Saber lidar com a diversidade;
- Buscar respostas para as diferentes necessidades educativas;

- Trabalhar com o nível de conhecimento da criança;
- Adaptar o ensino ao interesse e ao ritmo de aprendizagem de cada uma;
- Ajudá-la a progredir e a ter experiências significativas de aprendizagem.

Somente dessa maneira podemos propiciar a participação de todos os educandos, com foco específico naqueles que são vulneráveis à marginalização e à exclusão.

A garantia de acesso e permanência com sucesso nas escolas comuns regulares significa um patamar imprescindível de cidadania para pessoas com deficiência, na opinião de especialistas. Hoje, com a política de inclusão, a Educação Infantil é a porta de ingresso ao sistema educacional para boa parte das crianças, devendo o atendimento educacional especializado ser ofertado na própria creche ou pré-escola em que a criança está matriculada.

Um estabelecimento de Educação Infantil que se destina, por exemplo, a crianças desde a mais tenra idade, deverá dispor de profissionais devidamente orientados para lidar com bebês, crianças com deficiências e/ou problemas de desenvolvimento de todos os níveis e tipos.

Recomendam-se convênios com as Secretarias da Saúde ou entidades privadas, para que o atendimento pessoal destinado à estimulação precoce dessas crianças possa ser feito no mesmo espaço da escola ou em espaço distinto. Se o estabelecimento não dispuser de profissionais devidamente orientados, isso não justifica o não atendimento da criança, pois ainda assim é obrigado a atendê-la, devendo providenciar pessoal para isso.

Vale lembrar que um estabelecimento de Educação Infantil para crianças de 0 a 5 anos que se empenhe em ser um espaço adequado para todas as crianças, rico em estímulos visuais, auditivos, com profissionais devidamente treinados sobre a melhor forma de pegá-la, alimentá-la etc. será um local propiciador de bem-estar.

Sugestões de estimulação:

1) Estimulação precoce (0 a 3 anos e 11 meses) – O desígnio principal consiste em proporcionar à criança experiências de caráter neuropsicomotor e psico-sócio-educativo, que consiste em prevenir e/ou minimizar

seus déficits e auxiliá-la no desenvolvimento de suas potencialidades nos três primeiros anos de vida. São atendidas crianças com deficiência visual total e visão subnormal.

2) Educação pré-escolar (4 anos a 5 anos e 11 meses) – Modalidade de atendimento que visa garantir condições de aprendizagem à criança com déficit visual (total ou parcial) através de intervenção pedagógica e medidas extras que atendam às necessidades individuais. Funciona como apoio básico à criança em idade pré-escolar com o objetivo de resgatar sua autoestima estimulando sua participação ativa no processo de aprendizagem, conduzindo, assim, à aquisição de segurança para atuar em seu grupo familiar e social.

3) Estimulação essencial (atendimento à múltipla deficiência) – Essa modalidade se destina ao atendimento das crianças que possuem, além do déficit visual, dupla ou múltipla deficiência, visto que o nível de comprometimento se apresenta mais elevado, necessitando de um tempo maior de trabalho (após os 3 anos de idade). As crianças

que frequentam essas modalidades precisam receber atendimento nos setores de fisioterapia, fonoaudiologia, terapia ocupacional, psicologia, entre outros.

Como foi dito anteriormente, muitas vezes os pais, por desconhecimento, resistem à inclusão, preferindo deixar seus filhos em casa ou em escolas especiais. À medida que as práticas educacionais inclusivas ganham mais visibilidade, as famílias entendem os benefícios dos espaços heterogêneos de aprendizagem para seus filhos.

A inclusão da criança com deficiência nos ambientes comuns de aprendizagem deve oferecer todas as condições de acessibilidade. A inclusão é extremamente favorável à eliminação de posturas excludentes, pois, a partir da convivência na heterogeneidade as crianças aprendem, desde cedo, a não discriminar.

A integração educativa é uma resposta possível a essa questão; ela se refere ao processo de educar e cuidar, no mesmo grupo, de crianças com e sem necessidades educativas especiais.

6
A relação das instituições infantis com a família

A partir do nascimento da criança a família inicia sua socialização, impondo padrões de comportamento, hábitos, costumes, padrão de linguagem, maneiras de pensar, agir e expressar. Este processo de socialização é aprimorado e lapidado na escola, considerada uma agência social que complementa essa formação familiar.

Sendo a família o primeiro ponto de referência para a criança, assim como a sua casa, a escola entra na vida dela ampliando sua noção de espaço e seu sentimento de integração no mundo.

A participação da família é imprescindível. Está na lei: o Estatuto da Criança e do Adolescente diz que a família, com o apoio da comunidade e do governo, deve criar, educar, proteger as crianças e garantir o seu desenvolvimento.

A creche e a pré-escola, em sua nova reconceituação, priorizam a relação creche-família para que, juntas, trabalhem em prol da criança, pela sua harmonização na instituição e em seu lar. Assim, é preciso que haja uma sintonia, uma harmonia no seio dessa relação. Para tanto, a escola deve se esforçar para unir o saber científico à experiência familiar, ampliando, assim, os horizontes dos educandos, possibilitando um melhor desempenho escolar e maior afetividade e envolvimento familiar.

Da mesma forma que a qualidade das relações das crianças com a família é relevante, não menos importantes são as relações da instituição infantil com a família para o seu desenvolvimento, pois, independente do papel que assuma, de filho ou de aluno, a criança é um ser total e em formação, dependente da intervenção dos adultos com os quais se relaciona.

Segundo Bassedas (1999), as relações entre a família e o educador infantil deve culminar em ações educativas comuns, de tal modo que as propostas de intervenção não estejam em desacordo com os princípios familiares.

Rever algumas concepções é a primeira pista para o estabelecimento efetivo da parceria entre a instituição infantil e a família, que podem ter como ponto de partida os seguintes questionamentos:

a) Qual é a concepção de educação que família e a instituição infantil têm?

b) Que proximidades ou distâncias existem entre essas concepções?

c) Existe diálogo na relação família e instituição infantil?

d) A escola reconhece a função da família na formação da criança?

e) A família reconhece a função educativa da instituição de Educação Infantil?

A criança deve ser o destaque na ação complementar entre a família e a instituição infantil. Não restam dúvidas de que a parceria família/instituição infantil é necessária e urgente quando se tem como meta o desenvolvimento integral da criança de 0 a 5 anos.

Quando famílias e instituições infantis se derem conta de que a formação do indivíduo se dá ao longo de toda a sua vida e nos diferentes espaços, a atuação complementar da família acontecerá de forma natural, como parte de um contexto social educativo. Baseando-se nesse conceito, sugiro que as famílias sejam informadas, por meio de palestras, folhetos, entre outros informativos, sobre conteúdos que serão abordados com as crianças, de acordo com sua faixa etária, explicitando a pertinência dos assuntos e temas e de que maneira eles serão enfatizados, bem como dicas para que as famílias fiquem mais próximas de seus filhos e compartilhem essa importante etapa da vida deles.

É fundamental que as relações entre a família e os estabelecimentos de Educação Infantil sejam construídas com base em princípios de respeito, de responsabilidades mútuas, de confiança e na aceitação das peculiaridades de cada um, com o objetivo de melhorar e facilitar o desenvolvimento de uma proposta pedagógica adequada.

Pesquisas mostram que é importante para as famílias entenderem que elas têm um papel preponderante na vida de seus filhos. A aproximação das instituições de Educação Infantil com as famílias tem como objetivo estreitar os vínculos e laços de convivência, mesmo que seja com muita persistência. Assim, será possível mostrar que a educação é feita de histórias, com seriedade e paixão.

Não existe uma regra geral de como as escolas devem se aproximar das famílias; cada escola precisa descobrir um jeito de como isso poderá acontecer.

7
Avaliação na Educação Infantil: uma construção possível

O processo de avaliação na Educação Infantil não tem como finalidade a promoção para o ingresso no Ensino Fundamental, segundo preconiza a LDBEN/96 no art. 31.

Mas, ao mesmo tempo, esse processo é necessário e precisa ser sistemático, contendo um caráter de análise e reflexão, que será feito por meio do registro de desenvolvimento da criança. A prática do registro na Educação Infantil se caracteriza como uma ação importante de avaliação do trabalho pedagógico e do desenvolvimento infantil. Nesse sentido, o registro está diretamente ligado à avaliação.

Observações e registros sistemáticos podem ser feitos no caderno de planejamento, onde cada educador registra acontecimentos novos, conquistas ou mudanças de sua turma e de determinadas crianças, informações e situações significativas acerca do trabalho realizado e interpretações sobre as próprias atitudes e sentimentos.

É fato que, no dia a dia, o educador não consiga registrar informações sobre todas as crianças da sua turma, mas é possível que privilegie três ou quatro crianças de cada vez, e, assim, ao final do período, terá observado e feito o registro de todas as crianças.

Para darmos espaço à variada expressão infantil, podemos ter:

• Arquivos contendo planos e materiais referentes aos temas trabalhados;

• Relatórios e portfólios podem ser utilizados como instrumentos de registro de desenvolvimento.

O educador deve organizar um dossiê de cada criança, indicando seus materiais mais significativos e capazes de acompanhar seu desenvolvimento.

A construção de um olhar global sobre a criança é de suma importância, evitando-se um ponto de vista unilateral. Os educadores devem buscar novos olhares:

1) Coletar outras visões sobre a criança:
- Respeitando seus limites;
- Idade;
- Condições para realizar determinadas tarefas.

2) Contrastar a visão dos responsáveis pela criança com o que se observa na creche/pré-escola:
- Conhecer o que os responsáveis pensam sobre a Educação Infantil;
- Refletir sobre o que a família pensa em relação aos motivos de as crianças se comportarem de determinada maneira na creche/pré-escola.

Para acompanhar o desenvolvimento da criança de maneira integral e significativa faz-se imprescindível uma avaliação que não esteja preocupada simplesmente em constatar, mas em fornecer informações necessárias para assegurar que as aprendizagens sejam alcançadas.

A avaliação da aprendizagem é, ao mesmo tempo, retroalimentadora do processo de ensino. Nesse sentido, acredita-se que a investigação didática possibilita ao educador refletir sobre os processos de aprendizagem – o que e como as crianças aprendem, assim como analisar o processo de ensino –, refletindo sobre a intencionalidade e os encaminhamentos propostos (DARSIE, 1996).

As reflexões desencadeadas a partir da avaliação dos processos de ensino e de aprendizagem levantam elementos que possibilitam avaliar o PPP:

a) Até que ponto as metas estabelecidas estão sendo alcançadas?

b) As ações estão condizentes com as expectativas e necessidades da comunidade?

c) O espaço e o tempo estão sendo organizados e planejados adequadamente?

d) A metodologia utilizada tem possibilitado o desenvolvimento e a aprendizagem das crianças?

e) Que mudanças são necessárias?

f) Que ações foram bem-sucedidas?

Ao avaliar a criança não se deve perder de vista os objetivos propostos para que se possam ter novas perspectivas de planejamento. Seguem abaixo sugestões de como avaliar a criança na creche/pré-escola:

- Nas conversas informais;
- Nas brincadeiras e jogos;
- Nos desenhos e trabalhos livres;
- Nas atividades de expressão corporal;
- Na interação com coleguinhas e educadores;
- Na participação de diversas atividades;

Enfim, em tudo o que constitui processo de aprendizagem em um espaço de Educação Infantil.

O educador deve ter clareza sobre as fases do desenvolvimento infantil porque através do conhecimento dessas fases é que se poderá perceber quais os desafios que podem ser lançados para que a criança desenvolva os vários aspectos do seu conhecimento.

A Lei de Diretrizes e Bases destaca que "na Educação Infantil a avaliação se fará mediante acompanhamento do desenvolvimento da criança, sem julgamento de aprovação, mesmo para o acesso ao Ensino Fundamental" (VII, 3º).

Desta maneira, o processo de avaliação na Educação Infantil deve levar em conta os conhecimentos e as experiências prévias das crianças, a diversidade de interesses, de culturas, de crenças, de conhecimentos, assim como as situações/condições que lhes são oferecidas, visando ao seu pleno desenvolvimento.

Ainda de acordo com as Diretrizes Curriculares para a Educação Infantil, é através da avaliação, entendida como instrumento de diagnóstico e tomada de decisões, que os educadores poderão verificar a qualidade de seu trabalho e das relações com as famílias das crianças.

A responsabilidade dos educadores ao avaliar as crianças, a si próprios e a proposta pedagógica permitirá constante aperfeiçoamento das estratégias educacionais e maior apoio e colaboração com o trabalho das famílias.

É preciso acompanhar tanto essas práticas quanto as aprendizagens das crianças, realizando a observação da trajetória de cada criança e de todo o grupo; suas conquistas, avanços, possibilidades e aprendizagens. Por meio de diversos registros, feitos em diferentes momentos, tanto pelos professores quanto pelas crianças (relatórios, portfólios, fotografias, desenhos e textos), é possível evidenciar a progressão ocorrida durante o período observado, sem intenção de seleção, promoção ou classificação de crianças em "aptas" e "não aptas", "prontas" ou "não prontas", "maduras" ou "imaturas". Trata-se de reunir elementos para reorganizar tempos, espaços e situações que garantam os direitos de aprendizagem de todas as crianças.

Esses registros, associados às observações dos educadores, devem possibilitar as reflexões sobre o percurso/crescimento/dificuldades da criança, do educador, da instituição infantil e da comunidade.

A avaliação da aprendizagem é, ao mesmo tempo, retroalimentadora do processo de ensino. Nesse sentido, garante o atendimento, com qualidade, na Educação Infantil.

8
Perfil e atuação do educador na Educação Infantil

Engana-se quem pensa que o papel do Educador na Educação Infantil, é apenas ensinar. Ele também é um dos responsáveis por estimular atitudes respeitosas por parte das crianças: o educador ensina a criança a respeitar os demais colegas de classe, a aguardar a vez dela na fila, a ser gentil com as outras pessoas que trabalham na escola, entre outras atitudes que, consequentemente, serão levadas para fora do ambiente escolar.

O agir pedagógico deve atender às reais necessidades das crianças, deve ser criativo, flexível, atendendo à individualidade e ao coletivo. Será o eixo organizador da aquisição e da construção do conhecimento, a fim de que a criança passe de um patamar a outro na construção de sua aprendizagem.

O educador também é responsável por proporcionar às crianças da Educação Infantil experiências que auxiliam a desenvolver suas capacidades cognitivas, como atenção, memória, raciocínio e o bem-estar em um ambiente cheio de pluralidade. Para isso, ele promove atitudes, estratégias e comportamentos que favorecem a melhor aceitação e o desenvolvimento da criança no ambiente escolar, sempre de maneira carinhosa.

É na fase dos 0 aos 5 anos, chamada de primeira infância, que as crianças passam a perceber o mundo e despertam uma curiosidade nata e investigativa, sempre questionando e querendo saber o porquê das coisas. Com isso, a criança constrói sua própria identidade, baseada na exploração do meio em que vive, na construção dos relacionamentos interpessoais, na obtenção do conhecimento e valores a ela ensinados, e nas brincadeiras, que são a forma mais produtiva de adquirirem conhecimento e se relacionarem com outros.

Por isso, na primeira infância é primordial que o educador também ofereça, juntamente com os pais, todas as ferramentas necessárias para a construção dessa identidade. Podem criar situações que permitam agregar conhecimento, organizar o espaço físico, ensinar como manipular e explorar materiais concretos, bem como harmonizar trocas orais constantes com crianças e adultos.

Dessa forma, ocorrerão as trocas afetivas, enfrentamentos e resoluções de conflitos, sendo possível perceber como a criança lida com frustrações e desafios.

A escola é o segundo ambiente socializador em que a criança é inserida, onde o educador pode ajudar a adquirir novos conhecimentos todos os dias e a desenvolver interações, impactando em seu modo de perceber o mundo.

As atuais reflexões em relação ao papel do adulto na educação de crianças pequenas estão incluídas na LDB (Lei de Diretrizes e Bases), na nova concepção de creche e pré-escola.

A função do profissional da Educação Infantil vem passando por diversas modificações e reformulações ao longo do tempo. Estudo sobre a concepção da criança vem determinando a formação do educador infantil.

O profissional deve estar atento às mudanças e às diversidades das crianças com as quais trabalham, para atender com qualidade ao desenvolvimento integral delas.

Como dizia Freire em *Pedagogia da autonomia* (1998, p. 35): ensinar exige risco, aceitação do novo e rejeição a qualquer forma de discriminação.

Significa que, para ensinar, o educador deverá aceitar as mudanças decorrentes do dia a dia e amparar qualquer tipo de discriminação. Precisa de mais formação continuada para ser reconhecido socialmente e garantir aprendizagens eficazes.

De acordo com a Lei de Diretrizes e Bases da Educação Nacional (LDB), o cuidar e o educar devem agir em conjunto, juntamente com a equipe pedagógica da instituição, garantindo, assim, uma forma integrada nas metodologias aplicadas. Já o art. 5º da Resolução CNE/CEB diz:

A Educação Infantil, primeira etapa da educação básica, é oferecida em creches e pré-escolas, as quais se caracterizam como espaços institucionais não domésticos que constituem estabelecimentos educacionais públicos ou privados que educam e cuidam de crianças de 0 a 5 anos de idade no período diurno, em jornada integral ou parcial, regulados e supervisionados por órgão competente do sistema de ensino e submetidos a controle social (Resolução CNE/CEB 5/2009. Diário Oficial da União, 18/12/2009, Seção 1, p. 18).

Com base na resolução do art. 5°, a Educação Infantil deve ser oferecida em creches para crianças de 0 a 3 anos e pré-escolas de 4 a 5 anos. Antigamente, as creches se preocupavam em somente abrigar crianças, sem nenhum intuito de aprendizagem. Após várias reivindicações, reconheceram a necessidade de acrescentar o educar em creches e pré-escolas.

Esta iniciativa representa um avanço na qualidade de ensino da Educação Infantil, com ênfase em incluir o educar, garantindo melhoria na proposta pedagógica e suprindo as exigências dos novos desafios da educação. Implica, dessa forma, fazer o melhor para criança, de acordo com a necessidade de cada uma.

Um educador de qualidade respeita as necessidades de cada criança, quando ouvidas, interpretadas e respeitadas.

Na tendência cognitiva de trabalho na Educação Infantil, a criança é concebida como um ser construtor, que pensa e, como tal, constrói seu conhecimento, reinventa conteúdos, aprende a partir da interação que estabelece com o meio físico social desde o seu nascimento, passando por diferentes estágios de desenvolvimento.

Por isso, o educador tem que ter bastante conhecimento sobre o aspecto cognitivo infantil e acreditar que esta é a grande tarefa dos educadores na atualidade: desenvolver as potencialidades das crianças, tomando como ponto de partida o respeito por suas necessidades especiais e seus saberes construídos, estimulando seu pensamento e raciocínio, para que possam transferir aprendizagens de uma situação a outra, usando os conhecimentos em vários contextos.

Ensinar as crianças a conhecerem, a cuidarem de si, a explorarem o ambiente são formas de educar. Mostrar a elas as transformações que ocorrem no mundo é colaborar com o ensino e o aprendizado; uma ferramenta fácil, principalmente quando são usados os fatos vivenciados no dia a dia.

Assim, o educador infantil deve:

- Manter a higiene;
- Integrar-se bem no seio da equipe;
- Ser criativo;
- Participar ativamente nos eventos da instituição;
- Participar nas formações;
- Manter boas relações com a família das crianças;
- Manter boas relações com as crianças;
- Respeitar os horários das refeições, entre outros...

É na Educação Infantil que a criança constitui sua identidade, constrói valores, conhecimentos e significados, desenvolvendo sua singularidade e pluralidade. Como isso se dá a partir das relações estabelecidas com o seu ambiente físico e social, a creche e a pré-escola podem e devem fornecer elementos para enriquecer esse processo.

As instituições de ensino que atendem a crianças de 0 a 5 anos têm experimentado significativas mudanças que estão sendo acompanhadas por estudos e pesquisas, em diferentes áreas do conhecimento, cujas conclusões apontaram, cada vez mais, em direção à importância do atendimento à infância para o desenvolvimento integral da criança, como ser único e indivisível, completo e dinâmico, em intensa relação com as pessoas e o com o meio social onde está inserida. Isso porque sabemos que a primeira infância, da gestação aos 5 anos de idade, é um período extremamente importante para a formação do indivíduo, pois impacta diretamente na escolarização futura e no desenvolvimento do potencial de cada um.

Costa (2007) defende a necessidade de uma educação que busque um novo olhar, uma nova postura diante de si mesmo e de sua circunstância, tendo como parâmetros uma ética de amor, de zelo e respeito pela vida em todos os seus aspectos.

A Educação Infantil é primordial na formação de um indivíduo no que diz respeito não somente à transmissão de conhecimento, mas também ao englobar questões relacionadas ao amor, fraternidade, dignidade, solidariedade, responsabilidade, ética e outros valores fundamentais para a convivência harmoniosa do ser humano na sociedade.

O educador da Educação Infantil tem que gostar do que faz, ter competência nos planejamentos, trabalhar com conteúdo de naturezas diversas e com os cuidados básicos.

Assim, entende-se como fundamental que o educador, ao iniciar sua atuação docente na escola, busque conhecer e apropriar-se dos fundamentos definidos no PPP da sua instituição. Em especial, conhecer os princípios norteadores da Educação Infantil explicitados no documento, para que, a partir disso, conforme o próprio nome indica, esses princípios possam nortear seu planejamento didático-pedagógico, fazendo com que tenha clareza de que está educando crianças ao mesmo tempo em que está cuidando delas.

Desse modo, ao longo da execução e implantação do planejamento, o educador precisa avaliar e refletir constantemente se os princípios estão sendo contemplados, bem como analisar como proceder com os que ainda não foram implementados.

A formação do educador na Educação Infantil é um direito das crianças e dele mesmo. Ele precisa perceber que, desde bem pequenas, as crianças apresentam atitudes de interesse em descobrir o mundo que as cerca, elas são curiosas e querem respostas a seus porquês, e o trabalho do educador é estimular e orientar as experiências por elas vividas e trazidas de casa, para que, no seu dia a dia, elas possam construir seu próprio conhecimento. Pensar sobre isto implica reinventar o espaço das salas, para que nelas se deem as interações da criança com o mundo físico e social, oportunizando-lhe vivências e situações de troca, tomadas de decisões, sendo promovida, assim, sua autonomia e cooperação.

A formação de docentes para atuar na educação básica será feita em nível superior, em curso de licenciatura, de graduação plena, em universidades e institutos superiores de educação, admitida como formação mínima para o magistério na Educação Infantil e nas quatro primeiras séries do Ensino Fundamental a oferecida em nível médio na modalidade *normal* (LDB 9394/96).

O educador precisa ter nível superior, e os técnicos de desenvolvimento infantil o magistério, para trabalharem nas escolas. Isto significa um avanço na educação; antigamente qualquer indivíduo sem formação poderia trabalhar nas instituições de ensino, principalmente nas creches e pré-escolas, a preocupação enfatizava somente o cuidado aos pequenos.

Há necessidade de uma formação profissional que garanta subsídios para que os educadores possam de fato refletir e construir suas práticas cotidianas fundamentadas e um olhar crítico sobre o educando, na perspectiva da totalidade, priorizando o seu desenvolvimento integral nos aspectos cognitivo, motor e afetivo.

Acredito que, assim como todas as flores, as crianças na Educação Infantil têm seus direitos e podem desabrochar cada uma a seu tempo, sendo regadas todos os dias para florescerem continuamente.

Referências

BARBOSA, H.; SOUZA, M.G. Organização do espaço e do tempo na escola infantil. In: CRAIDY, C.M.; KAERCHER, G.E. *Educação Infantil*: Pra que te quero? Porto Alegre: ArtMed, 2006.

BASSEDAS, E.; HUGUET, T.; SOLÉ, I. Aprender e ensinar na Educação Infantil. Trad. Cristina Maria de Oliveira. Porto Alegre: Artmed, 1999.

BRASIL. *Estatuto da Criança e do Adolescente* – Lei n. 8.069/90, de 13/07/1990. São Paulo: CBIA-SP, 1990.

BRASIL/Ministério da Educação e do Desporto/ Secretaria de Educação Especial. *Educação especial no Brasil* – Série institucional 2. Brasília: MEC/Seesp, 1994.

BRASIL. *Lei de Diretrizes e Bases da Educação Nacional (LDB)* – Lei Federal n. 9.394, de 20/12/1996, que estabelece as Diretrizes e Bases da Educação Nacional. Brasília: Câmara dos Deputados, 1996.

BRASIL. *Constituição da República Federativa do Brasil*. Brasília, 1998.

BRASIL/Ministério da Educação/Secretaria de Educação Básica. *Parâmetros Nacionais da Qualidade para a Educação Infantil*. Brasília: MEC/SEB, 2006.

BRASIL/Ministério da Educação/Secretaria de Educação Básica. *Diretrizes Curriculares Nacionais para a Educação Infantil*. Brasília: MEC/SEB, 2010.

BRASIL/Ministério da Educação/Secretaria de Educação Básica. *Base Nacional Comum Curricular para a Educação Infantil*. Brasília: MEC/SEB, 2017, p. 23.

CAMPOS, M.M. Educar e cuidar: questões sobre o perfil do profissional de Educação Infantil. In: BRASIL/Ministério da Educação e do Desporto/Secretaria de Educação Fundamental/Departamento de Política Educacional/Coordenação de Educação Infantil. *Por uma política de formação do profissional em Educação Infantil*. Brasília, 1994, p. 35.

COLL, C. *Aprendizagem escolar e construção do conhecimento*. Porto Alegre: Artmed, 1994.

COSTA, A.C.G. & LIMA, I.M.S.O. *Educação para valores com base na ética biofílica*. Rio de Janeiro: Instituto Souza Cruz, 2007.

DEVRIES, R.; ZAN, B. *A ética na Educação Infantil*: o ambiente sociomoral na escola. Porto Alegre: Artes Médicas, 1998.

Dicionário [Disponível em http://www.dicionario-web.com.br/cuidar.html – Acesso em 16/01/2016].

DIDONET, V. Creche: a que veio, para onde vai. In: *Em Aberto* – Educação Infantil: a creche, um bom começo, Brasília, v. 18, n. 73, p. 11-28, jul./2001.

FREIRE, P. *Pedagogia da autonomia*. 9. ed. Rio de Janeiro: Paz e Terra, 1998, p. 43, 44.

KRAMER, S. *A política do pré-escolar no Brasil*: a arte do disfarce. 5. ed. São Paulo: Cortez, 2005.

KUHLMANN JR., M. *Infância e Educação Infantil*: uma abordagem histórica. Porto Alegre: Mediação, 1998.

Lei Brasileira de Inclusão da Pessoa com Deficiência – Estatuto da Pessoa com Deficiência, n. 13.146, de 06/07/2015.

MALUF, A.C.M. *Atividades lúdicas para Educação Infantil*: conceitos, orientações e práticas. 2. ed. Petrópolis: Vozes, 2016.

MONTENEGRO, T. *O cuidado e a formação moral na Educação Infantil*. São Paulo: Educ/Fapesp/2001.

PAIS, J.M. Paradigmas sociológicos na análise da vida quotidiana: uma introdução. *Análise Social*, v. XXII (90), n. l, 1986,. p. 7-57.

Resolução CNE/CEB. *Diário Oficial da União*, 18/12/2009, Seção 1, p. 18.

ROCHA, E.A.C. A pedagogia e a Educação Infantil. *Revista Brasileira de Educação*, Rio de Janeiro, n. 16, p. 27-34, 1997.

VITÓRIA, T. As relações creche e família. *Perspectiva*, Florianópolis, v. 17 (esp.), p. 23-47, jul.-dez./1999.

VYGOTSKY, L.S. *A formação social da mente*. 3. ed. São Paulo: Martins Fontes, 1991.

WALDOW, V.R. *O cuidado na saúde* – As relações entre o eu, o outro e o cosmos. Petrópolis: Vozes, 2004.

Conecte-se conosco:

- **f** facebook.com/editoravozes
- **◉** @editoravozes
- **𝕏** @editora_vozes
- **▶** youtube.com/editoravozes
- **☎** +55 24 99267-9864

www.vozes.com.br

Conheça nossas lojas:

www.livrariavozes.com.br

Belo Horizonte – Brasília – Campinas – Cuiabá – Curitiba
Fortaleza – Juiz de Fora – Petrópolis – Recife – São Paulo

EDITORA VOZES LTDA.
Rua Frei Luís, 100 – Centro – Cep 25689-900 – Petrópolis, RJ
Tel.: (24) 2233-9000 – E-mail: vendas@vozes.com.br